LE

BEFFROI MUNICIPAL

D'AMBOISE

(1495-1502)

Par Alfred GABEAU

INSPECTEUR DE LA SOCIÉTÉ ARCHÉOLOGIQUE

POUR LE CANTON D'AMBOISE

TOURS

IMPRIMERIE PAUL BOUSREZ

—

1897

TOURS, IMPRIMERIE PAUL BOUSREZ.

LE BEFFROI MUNICIPAL

D'AMBOISE

A AMBOISE ET A SA MUNICIPALITÉ

Je dédie cette étude sur le Beffroi,
symbole et témoin des antiques franchises de la Ville.

A. G.

LE

BEFFROI MUNICIPAL

D'AMBOISE

(1495 - 1502)

Par Alfred GABEAU

INSPECTEUR DE LA SOCIÉTÉ ARCHÉOLOGIQUE
POUR LE CANTON D'AMBOISE

TOURS

IMPRIMERIE PAUL BOUSREZ

1897

LE BEFFROI MUNICIPAL

D'AMBOISE

Le beffroi d'Amboise est un spécimen rare de ce genre de construction dans le centre de la France. Témoin des anciennes franchises de la ville et peut-être même bâti en vue de leur affirmation, tous les frais de sa construction furent faits par les habitants. C'est donc un monument absolument municipal et qui, en dehors de son élégance, mérite de fixer l'attention de nos édiles et d'attirer leur bienveillante intervention.

Commencés en 1495 par la réédification du portail de l'Amasse, — l'une des portes de la ville près du moulin de l'Aumône, — pour y placer une grosse horloge, les travaux ne furent terminés qu'en 1502.

Les comptes de la ville, auxquels il faut toujours se reporter lorsqu'on s'occupe d'Amboise, nous apprennent que, dès 1495, on fit acheter à Beaulieu, près de Loches, quarante-deux marches de vis pour accéder à la tour « qu'on a l'intention de faire bastir pour mettre et asseoir une horloge »; qu'on acheta également un appareil de cheminée en pierre de Saint-Aignan pour le même portail.

Les noms des ouvriers nous ont été conservés; les voici :

Berthelin Chrestien, maître maçon; Jehan Devènes, maçon; Goyon de Guymené, maçon; Estienne

Baudoyn, maçon ; Mathurin Rivière, maçon ; Estienne Baron, enduiseur ; Estienne Perrin, menuisier.

En 1497, les travaux de maçonnerie étaient assez avancés pour que Pierre Cathé, charpentier, pût poser la charpente du portail et la lanterne destinée à recevoir l'horloge, appuyée sur six poteaux. Ledit Cathé était tenu de lever la cloche et d'asseoir les « monstres (1) d'icelle aux deux lucarnes qui, pour ce, ont été faites à ladite charpenterie ». En cette même année 1497, on acheta trois feuilles de fer-blanc pour les girouettes de l'épi de la tour.

En 1498, la tour de l'horloge fut achevée par l'exécution, en pierre de Saint-Aignan, des meneaux des fenêtres du portail, et il fut placé aux épis de la tour quatre bannières sur lesquelles Jehan Durand, peintre, « avait imprimé les armes du roi ».

Enfin, la couverture fut exécutée en ardoise fine et achevée seulement, quant à la lanterne, en 1500.

En 1501, il fut décidé qu'on irait à Orléans pour marchander à Christophe de Montdore l'exécution de la cloche ; ce fondeur était obligé de fournir le bronze dans la composition duquel devaient entrer 280 livres d'étain, outre 1,196 livres de métal, part contributive de la ville.

Les vieux comptes nous apprennent encore qu'au mois de janvier 1502, il fut alloué à maître Pierre, qui avait fondu la cloche, 31 sols et 3 deniers pour lui avoir une paire de chausses ; que René Rousseau, « horlogeur à Langès », reçut 25 livres et 10 sols tournois pour « ses pennes et sallaire d'avoir abillé et mis à point les mouvements de ladite horloge », et que Jehan Primelle, menuisier, fit la menuiserie pour contenir les mouvements.

Le compte est signé de Raymond de Dezest et de plusieurs autres auditeurs.

---

(1) Cadrans.

La cloche a 1 mètre de hauteur sur 4 mètres de pourtour à sa base ; elle est absolument lisse, à part l'inscription gothique ci-après, en relief, sur deux lignes séparées et entourées par un trait. Voici cette inscription dont j'ai pu prendre l'empreinte au mois d'avril 1895 et que les difficultés d'accès avaient, jusqu'alors, empêché de relever :

Dedans l'an mil vct ung ⚜ pour conner heures a chaccun ⚜
faicte je fu dedans le moys doctobre et contiens le poys
de livres environ troys mille ✠
par don de meccigneurs de Ranille (1) ⚜ et du baillif dit
Remon de dezect qui ma done mes movemens toult precis ⚜

A la fin de cette seconde ligne, une médaille ou pièce de monnaie est enchâssée dans le métal.

L'horloge était à peine installée, que nous trouvons une supplique du « marreglier », de l'église Saint-Florentin, tendant à obtenir un salaire pour le gouvernement de l'horloge. « Ledit marreglier sera doresenavant plus curieux de entretenir et gouverner ladite horloge, qui sera le bien et honneur de la ville ou autrement son intension est de ne s'en mesler plus et y pourvoye qui vouldra, pour ce qu'il y a trop grant peine et luy couste beaucoup du sien. »

Dès 1502, les finances n'étaient déjà point, paraît-il, en état prospère, car le commandeur du temple d'Amboise avait prêté à la ville 100 livres tournois pour subvenir « aux affaires de l'horloge », et, en reconnaissance, il lui fut offert un souper.

En 1508, Pierre Martin, maître maçon, qui travaillait à réparer la tour de l'horloge ; Pierre Neveu,

---

(1) Le nom de Ranille est imprimé ici pour la première fois et ne figure pas dans la liste des noms cités dans *l'Inventaire analytique*; il nous est révélé par l'inscription de la cloche.

aussi maçon, et sept autres, employés au même travail, gagnaient : Pierre Martin, 4 sous et 2 deniers par jour; Pierre Neveu, 2 sous et 6 deniers, et les autres 3 sous et 4 deniers.

M. Chevalier, dans son *Inventaire analytique des Archives d'Amboise*, dit, par un renvoi de la page 209, que le manuscrit du fonds Gaignière, à la Bibliothèque Nationale, prétend, mais à tort, en relatant l'épitaphe du bailli d'Amboise de Raymond de Dezest, mort en 1515, qu'il avait donné et fait faire à ses frais le pavillon où est la grosse horloge de la ville.

M. Boilleau, dans *Le Château d'Amboise et ses environs*, qui avait sans doute puisé le renseignement à la même source, affirme que le beffroi fut donné à la ville d'Amboise par Raymond de Dezest et sa femme Marie Moreau.

Il convient de remettre les choses en place, car les deux auteurs sont plus ou moins dans l'erreur. Raymond de Dezest n'a point fait les frais du monument; les comptes des dépenses de la ville en sont la preuve indéniable, mais l'inscription que nous avons relevée sur la cloche nous apprend, à son tour, d'une manière non moins certaine, que, si le bailli d'Amboise n'a pas fait construire le pavillon, il a, tout au moins, avec le seigneur de Ranille, fait don de tout ou partie de la cloche et des mouvements de l'horloge.

Puis, dans les dépenses de la ville, nous voyons des réparations successives pour l'horloge, ce qui tendrait à prouver que le marreglier de Saint-Florentin ne recevait pas salaire suffisant pour la bien gouverner, et qu'alors, comme aujourd'hui, elle était souvent en désaccord avec les heures qu'elle avait mission de « conner à chaccun ».

Il existe dans le mur septentrional du beffroi, sous la voûte du portail, une statue en terre cuite datant de la fin du xve siècle et représentant la Vierge avec l'Enfant Jésus sur le bras. Autrefois cette statue était placée au sommet de l'arcade de ce même beffroi, et ce n'est qu'en 1759 que, par suite d'une requête présentée au maire par M⁽ᵉ⁾ Buttet, notaire royal, au nom d'un grand nombre d'habitants, elle fut descendue et placée dans la niche où elle se trouve encore aujourd'hui. Cette requête existe dans les archives de la ville et forme le onzième feuillet du registre des délibérations de 1758-1760, coté BB 44.

Comme elle est trop longue pour être placée ici, le lecteur désireux de connaître cette requête la trouvera en appendice à la fin de cette étude.

Si, pour voir l'édifice, nous nous plaçons dans la rue, du côté intérieur de l'ancienne ville, nous apercevons, en portant nos regards vers l'occident, une vaste baie, l'une des portes de la ville, autrefois fermée par une herse.

La voûte, très élevée, a une forme légèrement ogivale; elle s'appuie à gauche sur un groupe de maisons et à droite sur les vieux bâtiments du moulin de l'Aumône.

Sur l'arcade, la tour carrée du beffroi, flanquée à droite d'une tourelle au toit pointu, s'élève de deux étages éclairés par chacun une fenêtre à meneaux, placées exactement l'une au-dessus de l'autre. Puis, la toiture élégante et légère s'élance vers sa lanterne à six petites baies arrondies un peu en ogive, formées par six poteaux de bois; le tout se termine par un petit toit surmonté d'un épi.

Immédiatement au-dessus de l'entablement, dans une lucarne en bois formant auvent et sous une petite fenêtre à quatre carreaux, se trouve l'une des « monstres de l'horloge ».

Le côté opposé de l'édifice affecte la même disposition, avec cette différence que les fenêtres, trop étroites pour recevoir des meneaux, n'ont que des traverses. C'est aussi de ce côté qu'au sommet de l'arcade, et très probablement sous un auvent dont nous avons cru reconnaître la trace, était placée la statue de la Vierge dont nous avons parlé plus haut.

Voyons donc maintenant la disposition intérieure : poussons la porte basse et étroite qui se trouve à notre droite, sur la rue, et pénétrons dans la tourelle dont le diamètre intérieur est de 2 mètres 10 centimètres ; nous nous trouverons en face de cet escalier en vis pour lequel, en 1495, on acheta quarante-deux marches à Beaulieu. Gravissons ces marches et nous arriverons à une porte étroite, à verroux, que nous franchirons pour entrer dans la vaste salle qui forme le premier étage au-dessus de la voûte. Cette salle a 5 mètres 70 centimètres sur la façade de l'est ; une fenêtre à meneaux de 1 mètre 75 centimètres de largeur l'éclaire de ce côté. Au midi, elle a 6 mètres 70 centimètres ; là se trouve la cheminée en pierre de Saint-Aignan achetée en 1495. Sans aucune sculpture cette cheminée très moulurée est supportée par deux colonnes rondes appuyées sur des bases plus larges ; elle est d'un beau style et rappelle beaucoup celle de la salle des secrétaires à l'hôtel de ville. Du côté de l'ouest, une fenêtre avec traverse fait face à la première, mais elle est beaucoup plus étroite : elle n'a que 90 centimètres de largeur.

Au milieu du plancher supérieur est un trou carré qui donnait passage aux poids de la primitive horloge.

Pour arriver au deuxième étage, il faut revenir à la tourelle de l'escalier et gravir dix-sept marches pareilles aux précédentes. La disposition de cette chambre est semblable à celle du premier étage ; il y existe également une cheminée, mais moins belle.

Nous reprendrons encore une fois l'escalier en vis pour parvenir au sommet de la tour, et il nous faudra monter dix-sept nouvelles marches qui nous donneront accès dans les combles de l'édifice. C'est là que se trouvent les mouvements de l'horloge ; puis d'échelle en échelle nous arriverons à la lanterne, au sommet de laquelle est suspendue la lourde cloche.

La salle du premier étage a été divisée pour faire une prison, et les portes sont garnies de grosses serrures, de verroux, de barres de fer et de guichets; mais nous ne croyons pas que cette utilisation soit antérieure au commencement du siècle ou à la fin du xviiie siècle. Nous n'avons pas de renseignementssur la destination primitive de ces deux appartements, et c'est à dessein que nous passons sous silenceles autres pièces voisines du beffroi qui servaient de logement aux meuniers du moulin.

M. Chevalier, dans les notes préliminaires de son *Inventaire analytique*, nous apprend que les habitants d'Amboise, toujours pressurés malgré leur affranchissement, envoyèrent leurs élus au Plessis-lès-Tours pour obtenir les lettres patentes d'exemption qui leur étaient promises. Le roi les remit au lendemain; lorsqu'ils se présentèrent, l'astucieux monarque était parti pour Châteaurenault. Sans perdre une minute, les délégués se mirent à sa poursuite et le rejoignirent sur la route; le roi se mit alors en grande colère et refusa de les recevoir.

A quelque temps de là, le bruit s'étant répandu que Louis XI était à Saint-Martin-le-Beau, les députés d'Amboise s'y rendirent en hâte, mais il ne voulut rien entendre.

C'était de la part des élus d'Amboise faire preuve de grand courage, car le terrible monarque ne plaisantait guère avec ceux qui osaient se mettre en travers de sa politique, et le chemin était court entre le col de ceux qui avaient le malheur de lui déplaire et le gibet ou les créneaux de sa forteresse. Heureusement que Louis XI, si dur pour les représentants de la féodalité qu'il voulait amoindrir, était plein d'indulgence pour les bourgeois et les gens du peuple.

Si nous avons entrepris la monographie de cet intéressant édifice, si nous appuyons autant sur l'incontestable nécessité de sa conservation, c'est que, comme Amboisien, nous pensons que ce serait presque un crime que commettrait notre municipalité, ce serait démentir son origine et ses prétentions démocratiques, que de laisser périr ce vieux témoin du courage qu'ont déployé leurs prédécesseurs, au risque de leur vie, — et ils le savaient bien, — pour acquérir ou maintenir les franchises de leur ville. Ce fut, sans doute, pour transmettre à leurs descendants la preuve de la valeur de leurs pères et de leur bon droit, qu'ils ont élevé cet édifice sur l'une des portes de leur ville.

Le beffroi municipal en face de la forteresse du roi !

L'audace était grande, alors ! Il est vrai qu'à Louis XI avaient succédé Charles VIII, le bon roi, et enfin Louis XII, le Père du peuple, sous le règne duquel fut construit notre beffroi.

Nous nous estimerions heureux si ces quelques notes, relevées hâtivement et prises pour la plupart dans l'*Inventaire analytique* des archives d'Amboise, dressé par cet homme de patience et d'érudition que fut M. Chevalier, et groupées dans cette étude, pouvaient attirer l'attention de la municipalité actuelle, à la tête de laquelle se trouve un maire ami des arts et soucieux des intérêts de la ville, et la porter à faire classer ce curieux et élégant monument depuis trop longtemps si injustement négligé, car nous pensons que c'est le seul moyen de le sauver de la destruction qui le menace s'il ne lui est pas promptement porté secours, et de le conserver à notre ville.

APPENDICE

REQUÊTE

AU SUJET DE LA VERGE DU BEFFROI

« Enregistrement de la requête présentée à Messieurs les maire et échevins par les particuliers de la ville d'Amboise, pour avoir permission de descendre la Vierge de l'horloge pour la placer sous la voûte.

« A Messieurs les maire et échevins de la ville d'Amboise,

« Supplie humblement M⁰ François Buttet, notaire roïal et capitaine de bourgeoisie de la deuxième compagnie de cette ville, quartier de l'horloge,

« Disant que quantité de personnes pieuses et charitables honorant et respectant l'image et représentation de la Vierge posée et errigée au haut de la voûte de l'horloge de cette ville, s'abstiennent contre leurs bonnes volontés et pieuses intentions de lui faire des offrandes à cause de l'incommodité de l'endroit où elle est dressée, et de la hauteur considérable où elle se trouve, ce qui la rend pour ainsi dire inaccessible ! Que la situation lui est très dommagable par les vents bas qui poussent sur ce respectable portrait avec force et impétuosité les pluies abondantes et fréquentes, de sorte qu'elle est, on peut le dire, très gâtée et endommagée ainsi que la peinture dont elle est ornée.

« Que même les robes et parures qu'on lui met sont en très mauvais état étant également exposées aux infirmités de l'air, ce qui certainement ôte l'envie à chacun de lui faire des offrandes ! Qu'il serait donc à propos pour conserver cette Vierge (et pour prévenir de plus grands désordres qui pourraient naître par la suite) d'y apporter un prompt remède, qu'il n'y en a point un plus souverain que celui de la descendre de sa place pour la mettre en une autre moins exposée aux injures du tems? Et comme on a grande dévotion en cette image et que chacun dilaterait abondamment et avec plus de facilité leur générosité si elle était à hauteur raisonnable, le suppliant se promet (connaissant votre piété et religion), que vous agrérééis ses demandes, et pour réussir dans cette entreprise avec succès il a été conseillé de se pourvoir.

« Ce considéré, Messieurs, il vous plaise, vû les raisons ci-dessus, permettre aux habitants de cette ville d'édifier ou faire édifier sous la voûte de l'horloge dans le mur qui est adhérent au moulin du côté de septentrion une place propre et convenable, pour y mettre la Vierge, y faire creuser une niche, y mettre des chandelliers, et faire généralement pour raison de ce : tout ce qui sera nécessaire et à propos? leur permettre aussi de la descendre de la place où elle est actuellement, pour la transporter et placer dans l'endroit ci-dessus ; et attendu que de pareils desseins ne scauroient avoir leur exécution qu'auparavant on ne recueille les largesses et générosités d'un chacun pour pourvoir aux dépenses de cette glorieuse entreprise, et pour engager mieux le peuple à si prêter! il vous plaise nommer un des clercs de l'hôtel commun de cette ville pour accompagner gratuittement, et introduire de votre part dans les maisons bourgeoises et en celles des particuliers de cette même ville les personnes charitables qui voudront bien se charger de cette recette! Le suppliant se flatte que s'il peut obtenir de vous ce qu'il a l'honneur de vous demander par la présente, il joindra en reconnaissance : d'un cœur ardent et sincère, ses prières avec celles des soussignés pour la conservation de vos santés. Signé Buttet avec parafe, et ensuite est écrit :

« Nous adhérons aux raisons exposées dans la

requête ci-dessus et des autres parts et prions Messieurs les maire et échevins d'y faire droit. Signé Fermay, curé et prieur de Saint-Denis ; signé Gasselin, Rayer, Brisset, Pinet, Loiseau, Egasse, Lalive, Besnard, Veuve Loiseau, Dubois, Jean Hubert, Gillet, Gillet-Granger, C. Duveau, Gosselin-Bontemps, Hubert Laîné, Bourguignon, Le Brun, Goujon fils, Fleurys Malveau, Gaucher, Lecomte-Bourset, Thévin, Lenoir, Ménier, Carreau, Pillerault, et Ruet avec parafes, et au dos est écrit :

« Vu par nous, maire et échevins, la requête des autre, parts, attendu les inconvénients expliqués, nous consentons que la statue de la sainte Vierge, qui est au-dessus de l'arcade du gros horloge de cette ville, soit descendüe pour être replacée sous la d. arcade dans le mur du côté du septentrion, pourvu toutefois que l'ouverture ou niche qui sera faite dans ledit mur ne l'endommage en aucune façon, et pour contribuer aux frais tant à la d. niche que de la décoration de la statue : Permettons une queste en cette ville, commettons à cet effet les clercs de cet hôtel pour accompagner le suppliant chez toutes les personnes qui voudront bien contribuer à cette dépense, et au cas que, ladite queste faite, les deniers ramassés ne suffisent pas, les signants, avant de commencer à faire travailler, aviseront entre eux à faire le surplus, ordonnons que la d. requête sera enregistrée, sur le registre de l'hôtel commun de cette ville, pour y avoir recours en cas de besoin.

« Donné à l'hôtel de ville d'Amboise le ving-neuf juin mil-sept-cent-cinquante-neuf.

« Signé : Perceval, maire ; Coullon-Dupavillon ; Decam ; Le Breton et Decombessire avec parafe. »

www.ingramcontent.com/pod-product-compliance
Lightning Source LLC
Chambersburg PA
CBHW070430080426
42450CB00030B/2398